好读又好用的成语故事 5

晴川老师/主编

中国妇女出版社

图书在版编目（CIP）数据

好读又好用的成语故事. 5 / 晴川老师主编. -- 北京 : 中国妇女出版社, 2023.2
ISBN 978-7-5127-2231-6

Ⅰ. ①好… Ⅱ. ①晴… Ⅲ. ①汉语－成语－故事－少儿读物 Ⅳ. ①H136.31-49

中国版本图书馆CIP数据核字（2022）第253171号

责任编辑：应　莹　王琇瑾
装帧设计：云杉平面
责任印制：李志国

出版发行：中国妇女出版社
地　　址：北京市东城区史家胡同甲24号　　邮政编码：100010
电　　话：（010）65133160（发行部）　　65133161（邮购）
网　　址：www.womenbooks.cn
邮　　箱：zgfncbs@womenbooks.cn
法律顾问：北京市道可特律师事务所
经　　销：各地新华书店
印　　刷：艺通印刷（天津）有限公司

开　　本：165mm×225mm　1/16
印　　张：8.5
字　　数：90千字
版　　次：2023年2月第1版　　2023年2月第1次印刷
定　　价：35.00元

PREFACE 前言

成语就要这样学

成语是小学语文学习中非常重要的一部分。学习成语不仅能提高孩子的语言表达能力和写作能力，而且能帮助孩子获取历史文化知识，拓宽视野。学习成语，除了要理解成语的含义，更要知道如何应用。《好读又好用的成语故事》就是这样一套既让孩子知道成语的含义，又让孩子懂得如何应用的成语知识课外阅读书。

本套书借助《西游记》中唐僧师徒四人西天取经的故事框架，进行适当演绎，将成语巧妙地融入故事当中，并对成语进行释义、提供近义词和反义词，让小朋友们在阅读故事的同时，轻松自然地掌握这些成语的意义和应用。

《好读又好用的成语故事》共分为五册。

第一册的主题是“驯妖高手”，讲述了孙悟空的故事：从石猴诞生到拜师学艺，再到大闹天宫、被压在五行山下，最后凭借自己通天的本领，保护唐僧西天取经，被封为“斗战胜佛”。

第二册的主题是“王牌取经人”，讲述了唐僧的故事：唐僧自幼在寺庙中长大，在菩萨的指点下前往西天取经，路上收了孙悟空、猪八戒、沙悟净三个徒弟，历经八十一难才取得真经。

第三册的主题是“二师兄变形记”，讲述了猪八戒的故事：从天蓬元帅到错投猪胎，再到入赘高老庄、被人当成妖怪，最终被孙悟空降伏，拜唐僧为师，一起前往西天取经。

第四册的主题是“忍者小白龙”，讲述了白龙马的故事：他本是西海龙宫三太子，因触犯天条受到处罚，后经菩萨点化，变身为白龙马，载着唐僧去西天取经，最终修成正果。

第五册的主题是“白虎岭大冒险”，讲述了孙悟空三打白骨精的故事：白骨精为了吃唐僧肉，先后变换为俏姑娘、老婆婆、老公公的假身，全被孙悟空识破打死，唐僧却误会孙悟空滥杀无辜，将他赶回了花果山。最终，误会解除，师徒四人继续踏上取经之路。

取经之路，山高水长。学习成语也一样，要多看多读，慢慢积累。小朋友们，快跟着唐僧师徒一起，到“西游故事”中各显神通吧！

取经天团闪亮登场

唐僧

身份：唐朝第一高僧
性格：心比金坚、善良博爱

孙悟空

身份：齐天大圣
唐僧的大徒弟
性格：疾恶如仇、神通广大

猪八戒

身份：天蓬元帅
唐僧的二徒弟
性格：好吃懒做、憨厚可爱

沙悟净

身份： 卷帘大将

唐僧的三徒弟

性格： 忠厚老实、与世无争

白龙马

身份： 西海龙王三太子

唐僧的坐骑

性格： 沉稳、忠诚

故事开始啦！

CONTENTS 目录

第 6 课

身边两员大将，这叫我如何下手

心细如发 / 凡夫俗子 / 张牙舞爪
战战兢兢 / 思前想后

第 7 课

变成俏姑娘，猪呆子动心了

全心全意 / 肥头大耳 / 垂涎三尺
面红耳赤 / 灵机一动 / 挤眉弄眼
事半功倍

第 8 课

温言软语，唐长老信了

神魂颠倒 / 安分守己 / 慈眉善目
千辛万苦 / 木人石心 / 不动声色
不可思议

第 9 课

幸亏俺老孙回来得及时，好险啊

血口喷人 / 如花似玉 / 肉眼凡胎
七窍生烟 / 不打自招 / 楚楚可怜
泪如雨下

第 10 课

师父，你咋是非不分呢

无计可施 / 人命关天 / 心有余悸
名不虚传 / 金蝉脱壳 / 满不在乎
固执己见 / 一时半刻

第 1 课

“国色天香”白骨精

痴心妄想

旁门左道

立足之地

明眸皓齿

闭月羞花

魂飞魄散

成语故事汇

话说在很久以前，白虎岭上有一具被人遗留的骸骨，这具骸骨采天地之灵气，受日月之精华，竟然有了生命，还**痴心妄想**①，希望自己能化成人形。转眼二百年过去了，这具白骨修炼了一身好本领，能够随心所欲地变化，她还给自己取了个名号——白骨精。

白骨精原本想修道成人，谁知走火入魔竟入了**旁门左道**②，整天和一群妖孽混在一起。白虎岭是她的**立足之地**③，她在那儿拉帮结派，不仅认识了许多道行浅的妖精，还成了众妖精的头头儿。他们整天在白骨洞里吃香的、喝辣的，掳掠上山的人，就为增强

①痴心妄想

痴心：沉迷于某人或某种事物。妄：荒诞，不合理。指一心想着不可能实现的事情，也指虚妄荒诞的想法。

近义词：异想天开

②旁门左道

旁、左：不正当。道：指学术或宗教派别、思想体系。指非正统的学术、宗教派别或思想体系。

近义词：歪门邪道

③立足之地

站脚的地方，指容身的地方。

近义词：安身之地

自己的妖术。

这一天，白骨精化成一个妙龄少女的模样，站在镜子前欣赏自己的容貌。只见那镜子里的姑娘**明眸皓齿**④、**闭月羞花**⑤，白骨精十分高兴。突然，镜子里的妙龄少女不见了，取而代之的是一具白骨。白骨

④明眸皓齿

眸：眼珠。皓：洁白。明亮的眼睛，洁白的牙齿，形容女子的美貌。

近义词：蛾眉皓齿

反义词：獐头鼠目

⑤闭月羞花

使月亮躲藏，使花儿含羞，形容女子容貌美丽。

近义词：花容月貌

反义词：其貌不扬

精火冒三丈，把镜子砸了个稀巴烂，大声喊道："来人哪，你们再去给我抓几个壮丁回来，我要吸他们的阳气修炼！"

十几具白骨立马化成了云烟，飘向山间，去寻找上山的人。白骨精坐在骨头堆里，哀伤地说："我苦苦修炼这么多年，就是希望有朝一日能变得有血有肉，而不是现在这副鬼样子。"

不一会儿，小妖们抬着十个大汉进了洞。大汉们见洞里阴森森的，吓得**魂飞魄散**[⑥]，连救命都来不及喊，就被白骨精吸干了阳气。白骨精一个转身，又变成了国色天香的少女，她对手下说："这十个人就赏给你们修炼吧，也好增强你们的妖术。"小妖们跪拜在地上，恭敬地喊道："能伺候夫人是我们的福气。"白骨精心花怒放，和大家一起下山游玩去了。

⑥魂飞魄散

魂、魄：古人认为人的精神能离开形体而存在，称离开形体的精神为"魂"，称依附于形体而显现的精神为"魄"。魂飞了，魄也散了，形容惊恐万状，不知如何是好。

近义词：失魂落魄

反义词：泰然自若

趣味练练练

成语练习场

先把下面的成语补充完整，再写出四句名言。

（ ）涯海角
（ ）笔千言
（ ）理取闹
（ ）能可贵
（ ）出有因
（ ）

（ ）言片语
（ ）硬欺软
（ ）备无患
（ ）安理得
（ ）山人海
（ ）

（ ）苦耐劳
（ ）道多助
（ ）尽甘来
（ ）流砥柱
（ ）口婆心
（ ）

（ ）寸已乱
（ ）民除害
（ ）仰马翻
（ ）行下效
（ ）财两空
（ ）

成语接龙

根据图示，完成下面的成语接龙。

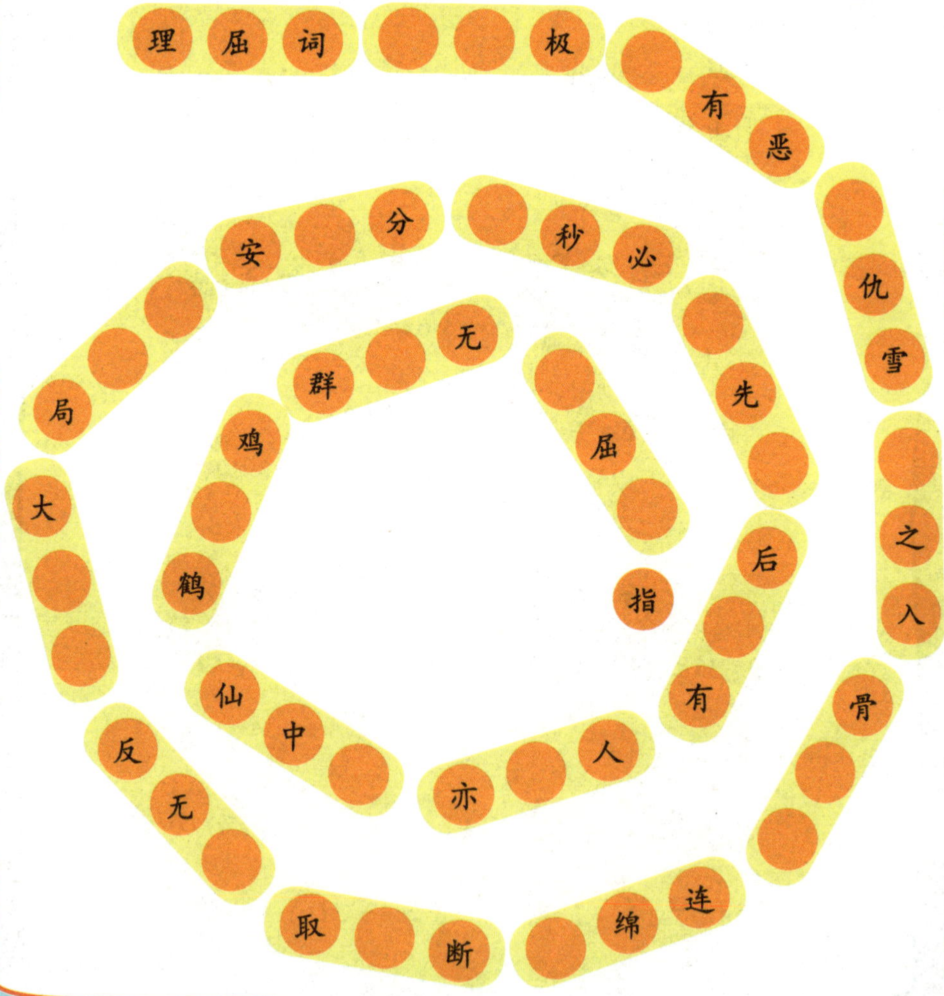

第 2 课

吃一块唐僧肉能长生不老

胸有成竹

荣华富贵

为所欲为

如愿以偿

欣喜若狂

喜从天降

自言自语

成语故事汇

白骨精和四个小妖来到山间，看见有一处废弃的农家院，白骨精说：“以后咱们再去打探消息，就到这里落脚，这儿离山下近，打探消息快，如果遇上难缠的对手，也方便逃跑。”随后，白骨精就在这处农家院住下了，派出四个小妖到处打探消息。

这四个小妖分别叫花花（总是在头上别一朵花，因而得名）、灿灿（听说生前死相十分凄惨）、小白（因为他什么都不懂，别的妖精都叫他“小白痴”，所以才有此名）、小骨头（最喜欢收藏骨头，故得此名），他们变成凡人的模样，大摇大摆地下山去了。途中，小骨头发现了另一座山头的豹子精和耗子精，他小声对其他人说：“朋友们，咱们小声点儿，听听那俩老妖精在说什么。”

豹子精问："耗子兄，你打探的消息是真的吗？"耗子精**胸有成竹**[①]地说："当然了，前两天我到山下偷东西，看见一户人家收留了四个和尚，他们就是从东土大唐来，去西天取经的。"豹子精说："那咱们得赶快把消息告诉大王啊。"耗子精说："嘿嘿，可别说哥们儿不照顾你，咱俩一起把这事禀告大王，事成以后，那是享不尽的**荣华富贵**[②]啊。"

花花眨巴着大眼睛，小声地问："啥是西天取经？我咋没听明白？"小骨头白

①胸有成竹

画竹子前心中已有竹子的形象，比喻做事之前心中已有充分的考虑。

近义词：心中有数

反义词：胸中无数

②荣华富贵

荣华：草木开花，比喻兴旺昌盛。富贵：既有钱又有地位。指有钱有地位，昌盛显达。

反义词：穷困潦倒

了她一眼，说：“这你都不知道，还好意思当妖精。咱们继续听听。”

耗子精继续说：“都说吃唐僧肉能长生不老，增强法力，只要咱们帮大王捉住了唐僧，嘿嘿，你我兄弟二人就能**为所欲为**③啦！”说着，两只老妖就离开了。小骨头从草丛里钻出来，笑着说：“吃唐僧肉能长生不老，夫人要是能捉到唐僧不就**如愿以偿**④了。走，咱们这就把消息告诉夫人，也好叫她高兴高兴。”

白骨精听了小妖们的消息，**欣喜若狂**⑤，大笑着说：“这可真是**喜从天降**⑥啊，多年来，我一直想修成人身，今天终于有机会了。只要吃了唐僧肉，不仅能拥有人身，还能长生不老。小骨头，你们功不可没，等我抓住了唐僧，也分你们一杯羹。”说完，白骨精陷入了沉思，她**自言自语**⑦：“我要怎么做才能抓住唐僧呢？”

③为所欲为

为：做。欲：想要。本指做自己想做的事，后指想干什么就干什么。

近义词：随心所欲

反义词：安分守己

④如愿以偿

偿：满足。指愿望得以实现。

近义词：称心如意

反义词：事与愿违

⑤欣喜若狂

欣喜：快乐，高兴。若：像。狂：失常，失去控制。欣喜得发狂，形容高兴到了极点。

近义词：喜不自禁

反义词：悲痛欲绝

⑥喜从天降

喜事从天上降临，形容意想不到的喜事突然出现。

近义词：喜出望外

反义词：大失所望

⑦自言自语

自己跟自己说话。

近义词：喃喃自语

趣味练练练

猜成语

根据诗句猜成语。

不识庐山真面目，只缘身在此山中。

大海从鱼跃，长空任鸟飞。

谁言寸草心，报得三春晖。

近水楼台先得月，向阳花木易为春。

春生何处暗周游，海角天涯遍始休。

成语接龙

填写下面的空格，将成语连接起来。

奄	奄	□	□	息	相	□	门	大	□
									祥
									如
两	□	前	绝	□	来	居	□		□
财							下		味
□							其		深
近							□		□
易					情	留	下		风
□									破
太									□
下	□	朝	火	□	脑	疼	□	回	子

第 3 课

唐僧师徒战斗值大调查

循序渐进

知己知彼

百战不殆

手足无措

尽心竭力

赫赫有名

见异思迁

成语故事汇

话说白骨精得知吃了唐僧肉就能长生不老的消息，兴奋得睡不着觉，恨不得立马就把唐僧捉住。不过白骨精心里明白，万事都要**循序渐进**①，况且现在只是得知唐僧的消息，其他情况都不知道，所以不能轻举妄动。

小骨头是个机灵鬼，他看出了白骨精的担忧，提议说：“夫人，常言说得好，**知己知彼**②，**百战不殆**③，咱们要想捉住唐僧，就要知道唐僧师徒的行踪和本事，以免咱们**手**

①循序渐进

序：次序。按照一定的顺序或步骤逐渐深入或提高。

近义词：按部就班

反义词：拔苗助长

②知己知彼

原意指对敌我双方的情况了解透彻，泛指对自己的情况和对方的情况都有透彻的了解。

近义词：了如指掌

③百战不殆

殆：危险。每次作战都不会失败。

近义词：百战百胜

反义词：一败涂地

足无措[4]啊。”白骨精觉得很有道理，就命小骨头他们再次打探，对唐僧师徒的战斗力做个详细的调查。

小妖们**尽心竭力**[5]地打探，终于查清了唐僧师徒的本事，连他们的性格、爱好也了解得非常透彻，这才回到白骨洞，向白骨精复命。

小骨头说：“夫人，那唐僧有三个徒弟，大徒弟是**赫赫有名**[6]的齐天大圣，他本领高强，曾经还大闹天宫。夫人，有这泼猴在，咱们很难取胜啊。”花花接着说：“夫人，唐僧还有个二徒弟，名叫猪八戒，本事不如孙悟空，他好吃懒做、**见异思迁**[7]，很好对付。”灿灿说：“那唐僧的三徒弟是个老实巴交的和尚，没有多大本事。”

白骨精听了小妖的汇报，急着问：“那唐僧呢？他有什么本事？”小白笑嘻嘻地说：“夫人，好戏就在这儿呢。这唐僧是个手无缚鸡之力的凡人，他什么本事都没有，要不是菩萨怕他被路上的妖魔掳去，多次指点他，他哪有那个本事，收服堂堂的齐天大圣？”

④手足无措

措：安放。手脚不知放在哪里才好，形容举动慌乱或没有办法应付。

近义词：无所措手足

反义词：应付自如

⑤尽心竭力

尽心：用尽心思。形容做事十分认真，使出全部力量。

近义词：不遗余力

反义词：敷衍了事

⑥赫赫有名

赫赫：显著盛大的样子。形容名声很大，很显赫。

近义词：大名鼎鼎

反义词：默默无闻

⑦见异思迁

迁：变动。看到别的事物就想改变原来的主意，指意志不坚定，喜爱不专一。

近义词：三心二意

反义词：一心一意

白骨精一听，忍不住笑了起来："什么齐天大圣，只是个养马的臭猴子。我听说过他，他的确本领高强，可我白骨精也不是等闲之辈！"小骨头见夫人有些得意忘形，连忙说："夫人，您别小看那猴子，他手上有根金箍棒，能变大变小，重达万斤以上。他还有双火眼金睛，咱们的变化骗不过他，夫人要小心谨慎啊。"白骨精点点头说："你们过来，咱们好好想想，怎么对付那只臭猴子！"

趣味练练练

近义词游戏

请在下面的方框中填写成语的近义词。

爱财如命	
安分守己	
安之若素	
卑躬屈膝	
本末倒置	
比比皆是	
别具一格	
彬彬有礼	
病入膏肓	

反义词游戏

请在下面的空格中，填写出成语的反义词。

攻无不克 ______　　发愤图强 ______

______ 强颜欢笑　　______ 赴汤蹈火

张口结舌 ______　　名副其实 ______

______ 虎落平阳　　______ 名列前茅

全心全意 ______　　生龙活虎 ______

第 4 课

商量掳夺唐僧的妙计

挑拨离间

痛不欲生

似懂非懂

不甘示弱

一隅之见

必由之路

焕然一新

成语故事汇

白骨精和小妖们一起商量着怎么制伏唐僧师徒。小白和花花你一言我一语，都没想出好点子。小骨头一拍大腿，叫道：“夫人，我有主意啦，咱们可以**挑拨离间**[1]！”白骨精问：“怎么挑拨呢？”

小骨头忍住激动，娓娓道来：“夫人，孙悟空虽然法力高强，可他最害怕唐僧。唐僧给他戴了金头箍，只要孙悟空犯错，唐僧就会念咒语，金头箍就会越来越紧。臭猴子**痛不欲生**[2]时，哪还有反击之力？”小白**似懂非懂**[3]地点了点头，问道：“可咱们怎么才能让孙悟空犯错呢？”

①挑拨离间

引起是非争端，破坏团结。

近义词：搬弄是非

反义词：穿针引线

②痛不欲生

痛：痛苦。欲：想。生：生存。悲痛得不想活下去，形容悲伤到极点。

近义词：悲痛欲绝

反义词：欣喜若狂

③似懂非懂

好像懂，又好像不懂。

近义词：一知半解

反义词：融会贯通

小骨头说：“这不难办，唐僧是个仁慈的人，最见不得杀人，而孙悟空疾恶如仇，见着妖精就要打，只要夫人化成人形去接近唐僧，孙悟空肯定会阻止，咱们就有了挑拨的机会。”花花说：“我也有个好点子，那猪八戒见色忘义，见着美女就走不动道，夫人可以变成个漂亮姑娘，把他一举拿下。”

小白见其他人都想出了好点子，也**不甘示弱**[4]，他说："我也有个好点子。"灿灿打趣说："小白脑子如糨糊，有什么好点子！"小白听了闷闷不乐地说："你们都说我不聪明，今天我就要打破你们的**一隅之见**[5]。夫人，咱们可以等唐僧师徒到山腰再下手，那个农家院正好可以给咱们打掩护。"其他人听完，点头认可了小白的点子。就这样，白骨精和小妖们制订好计划，准备到山腰的农家院埋伏。

白骨精命小骨头去打探情报，调查唐僧师徒取经的路线。很快，小骨头就打探回来，报告说："夫人，唐僧师徒今天已经上路了，白虎岭是他们的**必由之路**[6]，一切都在咱们的意料之中。"白骨精哈哈大笑，说："看来老天都在照顾我，我马上就能实现心愿了。"白骨精用障眼法把农家院变得**焕然一新**[7]，令人一点儿也看不出废弃的样子，又用妖术变出柴米油盐，使这儿颇具生活气息，等着唐僧师徒的到来。

④不甘示弱

示：显示，表现。不甘心显得比别人差，形容好强，要追上或胜过对方。

近义词：不甘后人

反义词：甘拜下风

⑤一隅之见

偏于一方面的见解，比喻片面、偏颇的见解。

近义词：一孔之见

反义词：真知灼见

⑥必由之路

由：经过。一定要经过的道路，比喻事物发展必须遵循的规律或途径。

近义词：不二法门

⑦焕然一新

焕然：鲜明光亮的样子。鲜明光亮，气象一新，形容一改旧貌，呈现出崭新的面貌和气象。

近义词：面目一新

反义词：一如既往

趣味练练

成语接龙

将下面这条成语长龙以逆时针为序补充完整。

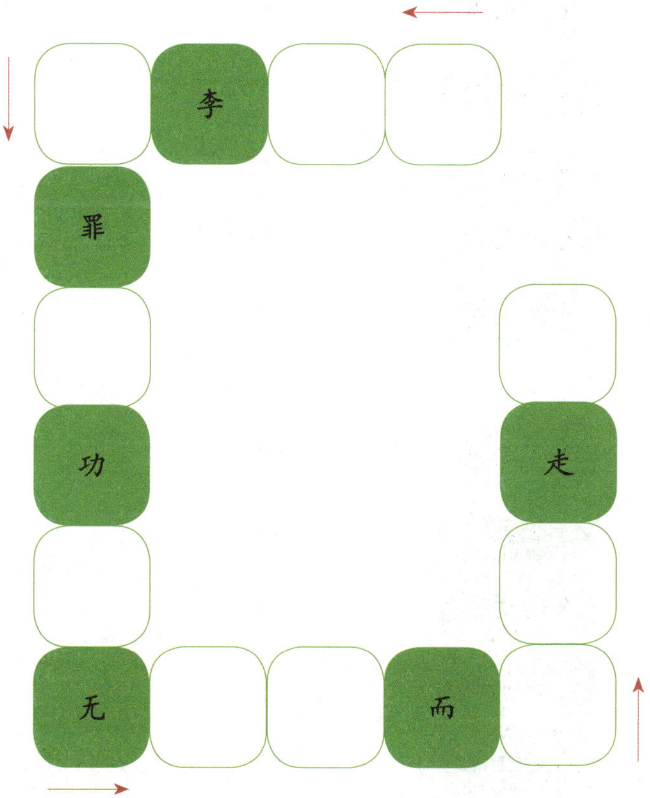

成语练习场

补全成语的后半句。

十年树木	→	
百花齐放	→	
百尺竿头	→	
百足之虫	→	
千军易得	→	
千里之堤	→	
千里之行	→	
人无远虑	→	
万事俱备	→	
人非圣贤	→	

第 5 课

孙悟空飞走，机会来了

汗流浃背

穷乡僻壤

耳聪目明

飞扬跋扈

马不停蹄

力所不及

尊师重道

成语故事汇

这一天，唐僧师徒顶着火辣辣的太阳走了半天的路，抵达白虎岭时，四个人已是**汗流浃背**①，口干舌燥。八戒太胖了，身上的汗像溪水一样淌下来，他一边走一边嘟囔：“都怪猴哥，非要走这破山路，这**穷乡僻壤**②的，四周连户人家都没有，老猪都快晒成烤乳猪了。”

悟空**耳聪目明**③，听见了八戒的埋怨，一把揪住他的猪耳朵，笑着说：“你个呆子，敢在背后说我的坏话。”悟空一边说，一边加大了手上的力道，八戒疼得屁股乱扭，嚷嚷着：“猴哥松手，猴哥松手，我再也不敢了，

①汗流浃背

浃：湿透。流的汗湿透了背上的衣服，形容极端惭愧、恐惧而汗流不止的样子，也形容满身大汗。

近义词：挥汗如雨

②穷乡僻壤

贫穷落后、偏僻荒远的地方。

近义词：不毛之地

反义词：通都大邑

③耳聪目明

聪：听觉灵敏。耳朵听得清楚，眼睛看得分明，多形容头脑清楚，眼光敏锐。

近义词：目达耳通

反义词：耳聋眼花

你再揪，我的耳朵就成兔子耳朵了！”

悟空刚一松手，八戒就逃得远远的，一边揉着耳朵，一边想：好你个臭猴子，下手没轻没重的，老猪的耳朵都快让你扯下来了。哎哟，真疼啊，等我有机会就拔光你的毛，让你变成一只秃猴，看你还怎么

飞扬跋扈[4]。

远处的小骨头听见有打闹的声音，看见唐僧师徒正朝这边赶来，赶紧跑着通知白骨精。白骨精闻讯，**马不停蹄**[5]地赶到附近，躲在草丛里静观其变。她瞧见悟空、八戒、沙僧保护着唐僧，心里想：哎呀，这臭猴子法力高强，我若真想捉住唐僧，恐怕**力所不及**[6]。

就在这时，唐僧从马上下来，说："走了这么久，我已十分饥饿。悟空，你去化些斋饭吧。"悟空笑着说："师父，你真是糊涂，这山上前不着村，后不着店的，我上哪儿去给你找吃的？"唐僧听完，生气地说："好你个泼猴，一点儿都不**尊师重道**[7]，只知道跟我顶嘴。我饿了也不能再赶路，你赶紧想办法弄些吃的。"悟空怕他念紧箍咒，拿上钵盂飞上天，去找吃的了。

白骨精看悟空走了，心里乐开了花，琢磨道："哈哈，臭猴子一走，我的机会来了。这猪头和沙和尚呆头呆脑的，估计也没什么本事，看来我马上就能吃到唐僧肉了。"

④飞扬跋扈

飞扬：放纵。跋扈：蛮横、霸道。原指放荡高傲，不受约束，现形容骄横放纵。

近义词：专横跋扈

⑤马不停蹄

比喻一刻不停留地前进。

近义词：夜以继日

反义词：停滞不前

⑥力所不及

及：达到。凭自己的力量不能做到。

近义词：无能为力

反义词：力所能及

⑦尊师重道

尊敬师长，重视老师的教诲。

近义词：程门立雪

趣味练练练

给成语找搭配

找出其中的规律，把下面成语的第二个字和第四个字补全，再与右边合适的词语相连。

纷（　）扬（　）的	部队
风（　）雨（　）的	人头
浩（　）荡（　）的	战斗
轰（　）烈（　）的	路程
密（　）麻（　）的	雪花

成语接龙

根据提示，完成下面的成语接龙。

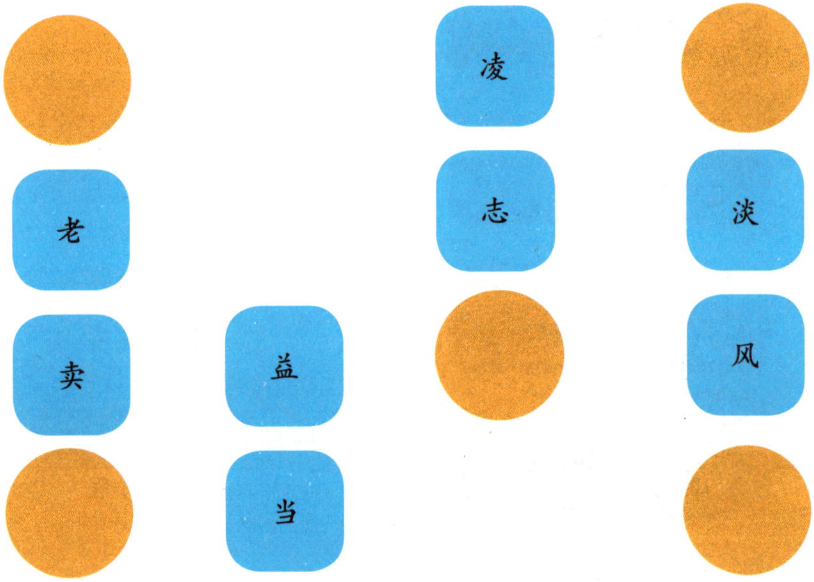

第 6 课

身边两员大将，这叫我如何下手

心细如发

凡夫俗子

张牙舞爪

战战兢兢

思前想后

成语故事汇

小骨头**心细如发**[①]，见白骨精掉以轻心，提醒道：“夫人，虽然那猪头和沙和尚没孙猴子本领强，可也不是**凡夫俗子**[②]，你要是冒冒失失地出现，难免会让他们起疑心啊。”

白骨精想了想说：“你说得对，那我就先试试他们的本事。”她呼出一口妖气，阴风裹挟着沙石席卷而来，周围顿时变得灰蒙蒙，尘土钻进八戒的鼻孔里，痒得他直打喷嚏，还差点儿把唐僧的帽子吹飞。

唐僧赶紧捂住帽子，问八戒：“刚才还是晴朗的天，怎么这会儿就刮起大风了？”八戒摇头说：“我也不知道哪儿来的风，这

①心细如发

心思细密得像头发一样，形容考虑问题非常细致，很周密。

反义词：粗心大意

②凡夫俗子

凡夫：凡人。俗：世俗，平庸。指平凡庸俗的人。

近义词：肉眼凡胎

反义词：仙风道骨

沙子弄得我浑身痒痒，这就叫它停。”说完，八戒拿出九齿钉耙，朝着空中一劈，风沙立即停止了。

白骨精躲在角落里偷窥，见八戒一下子破了自己的妖法，赞叹道：“好个猪八戒，还有些本事。哼，那我就再和你玩一玩。”白骨精变作一只老虎，躲在草丛里伺机而动。小骨头不小心踩断了树枝，惊动了沙僧，白骨精只好现身。只见一只老虎**张牙舞爪**[③]地跳了出来，准备扑向唐僧。

③张牙舞爪

舞：挥舞。形容猖狂凶恶的样子。

近义词：青面獠牙

反义词：和蔼可亲

沙僧抡起降妖宝杖，一下就把老虎打飞了。唐僧**战战兢兢**[4]地说：“幸好有你们两个，不然我就落入虎口了。”八戒哼哼两声，笑着说：“师父别怕，师兄有本事，我俩也不是吃素的。你放心吧，有我们在，没人能伤害你。”

④战战兢兢

形容因害怕而微微发抖的样子，也形容小心谨慎的样子。

近义词：战战栗栗

反义词：胆大妄为

白骨精被打得现了原形，只能远远地监视唐僧三人。她**思前想后**[5]，道：“猪八戒和沙僧也不好对付，我要是直接和他们打，还真不是对手。看来只能智取。”说着，白骨精变成一个俊俏的姑娘，又变出一个篮子和一些斋饭，心里想：哼，看你们还怎么对付我！接着，她便提着篮子唱着山歌朝唐僧师徒走了过去。

⑤思前想后

思：考虑。前：前因。后：后果。形容前前后后地反复思考。

近义词：左思右想

反义词：不假思索

趣味练练练

归纳成语

将下图中的成语归纳到意义相符的框内。

接二连三	千疮百孔	千头万绪
三三两两	五花八门	三番五次
三言两语	一丝一毫	一点一滴

表示“多”的：

表示“少”的：

猜成语

根据下图数字的提示，把成语补充完整。

0	1	2	5
6	7	8	9

（ ）三（ ）四

3	3	3
5	5	5

（ ）（ ）成群

3	3
2	2

三（ ）两（ ）

2	4	6
8	10	12

（ ）独（ ）偶

8	9	10

（ ）（ ）不离（ ）

1	2
4	6

隔（ ）岔（ ）

第 7 课

变成俏姑娘，猪呆子动心了

全心全意

肥头大耳

垂涎三尺

面红耳赤

灵机一动

挤眉弄眼

事半功倍

成语故事汇

八戒远远听见有人唱歌，哼哼两声说："沙师弟，你听没听见有人唱歌？"沙僧**全心全意**①保护师父，根本没注意。八戒听着歌声越来越近，笑得后槽牙都快露出来了。他心里琢磨：听声音，这唱歌的是个姑娘，也不知道她会不会经过这里？

不一会儿，一个娇俏的姑娘走来。她先是看向席地而坐的唐僧，接着看向旁边**肥头大耳**②的猪八戒和壮实的沙和尚，假装有些不安，轻声问："你们是什么人？"唐僧礼貌地说："施主，贫僧从东土大唐而来，这两个都是我的弟子，你不用害怕。"那俏姑

①全心全意

用全部的精力。

近义词：一心一意

反义词：三心二意

②肥头大耳

肥胖的脑袋，大大的耳朵，形容人头部或整个身体肥胖。旧时也指人长得有福相。

近义词：大腹便便

反义词：瘦骨伶仃

③垂涎三尺

涎：口水。口水流下来三尺长，形容嘴馋想吃，也形容见了别人的好东西眼红，想得到。

近义词：垂涎欲滴

娘笑着说："我家就住在这山上，既然你们不是坏人，就到我家做客吧。这大热天的，师父在这儿受苦也不好。"

八戒一听，来了兴致，凑到俏姑娘跟前，闻到一股饭香，顿时**垂涎三尺**[3]，讨好地说："施主，你这篮子里装的是什么呀，怎么这么香？"姑娘笑着说："这是给我爹带的饭菜，有白米饭、热馒头和小菜。"

④面红耳赤

赤：红。脸和耳朵都红了，形容因急躁、害羞等脸上发红的样子。

反义词：面不改色

突然响起一阵"咕噜噜"的声音，唐僧羞得**面红耳赤**[4]，原来他饿坏了，肚子忍不住叫了起来。八戒见这姑娘长得漂亮，动了凡心，根本没看出她是妖精变的，对唐僧说："师父，你都饿了这么半天，要不咱们就到女施主家做客吧。那臭猴子说给你化

斋，到现在都没回来，我看他是自己吃饱不顾你了。走吧，师父。”

唐僧虽然饥肠辘辘，但好歹是个出家人，不敢随便到姑娘家里做客，就问：“施主家中都有什么人？”白骨精**灵机一动**⑤，编了一通瞎话，答：“我家就在山腰东边，家里有几亩地，我爹到地里干活去了，只剩我跟我娘在家，这不到了中午，我出门给爹送饭。我爹娘都是信佛的人，既然你们饿了，这些斋饭就给你们吃吧。”

八戒早就闻到了饭菜的香味，肚子也开始咕噜噜地叫，催促着师父答应。唐僧害怕失了礼数，不肯吃这斋饭，八戒只能干着急。其实八戒心里有另一番打算，只见他一会儿吹嘘自己的本事，一会儿说自己将来还俗，想要一个像她一样的姑娘，对那姑娘**挤眉弄眼**⑥。白骨精装出一副羞答答的模样，心里却想：果然是个好色的猪头，有你在，我可**事半功倍**⑦。

⑤灵机一动

灵机：灵巧的心思。形容临时想出了办法。

近义词：急中生智

反义词：一筹莫展

⑥挤眉弄眼

用眉眼示意。

近义词：眉来眼去

⑦事半功倍

形容花费的气力小，收到的成效大。

近义词：一举两得

反义词：事倍功半

趣味练练练

成语连连看

小朋友们，把下图中的成语和相应的算术题连接起来吧。

0+0=1	一五一十
1+2+3	不三不四
1×1=1	一成不变
3.5	接二连三
5　10	无中生有

选一选

聪明的小朋友，你知道下面成语中蓝色的字是什么意思吗？请将正确的选项填到括号中。

先**发**制人（　　）
1. 启发
2. 开始行动

千**方**百计（　　）
1. 地方
2. 方法

锐不可**当**（　　）
1. 阻挡
2. 承当

能说会**道**（　　）
1. 说
2. 道路

第 8 课

温言软语，唐长老信了

神魂颠倒

安分守己

慈眉善目

千辛万苦

木人石心

不动声色

不可思议

成语故事汇

话说白骨精变成一个漂亮姑娘去迷惑唐僧师徒，八戒见她长得好看，被迷得**神魂颠倒**[①]，根本分辨不出她是妖精，还一个劲儿地劝唐僧去白骨精家里做客。唐僧倒是**安分守己**[②]，不敢给人家添麻烦。

白骨精见唐僧这么执着，不好强迫他，就拉起闲话来，问唐僧：“师父，您这是要去哪里啊？”唐僧看这姑娘**慈眉善目**[③]，不像坏人，就如实说：“我要到西天求取真经。一路历经**千辛万苦**[④]，幸亏有我三个徒弟的尽心保护。”

白骨精心里惦记着吃唐僧肉，装出一副

①神魂颠倒

神魂：精神，神志。形容因动情或入迷而神志恍惚，失去常态。

近义词：如痴如醉

②安分守己

分：指本分。规矩老实，不做超出本分的事。

近义词：奉公守法

反义词：胡作非为

③慈眉善目

形容仁慈善良的样子。

近义词：和颜悦色

反义词：横眉怒目

④千辛万苦

形容极多的艰辛劳苦或经受了极多的艰辛劳苦。

近义词：含辛茹苦

反义词：养尊处优

虔诚的样子说："爹娘经常教育我，要是遇上和尚，就给他们一些斋饭，也算是做善事。我看你们也饿半天了，要是不想到家里做客，就把这斋饭吃了吧。"白骨精这样说着，心里却想：你个死脑筋的和尚，好言好语请你做客不去。哼，你们都饿成这样了，我就不信你**木人石心**[5]，不吃这饭。嘿嘿，只要你吃了，我的好事就要成了。

谁知唐僧连忙摆手说："施主这饭菜是要送给你爹的，我怎么能吃呢？我大徒弟马上就回来了，施主的好意我们心领了。"八戒一听就不乐意了，凑到白骨精跟前，哼哼两声说："施主，我师父死脑筋，不领你的情，可我老猪领，你把这些饭菜给我吃吧。"

八戒一边说，一边用脏兮兮的手掀篮子上的盖布。白骨精看他口水都流到嘴边了，

⑤木人石心

形容意志坚定，不受诱惑，也形容冷漠无情。

近义词：木石心肠

反义词：悲天悯人

心里窃喜，却**不动声色**[⑥]地说：“既然这位师父饿了，那就吃吧。”八戒听了二话不说，一把拿过篮子端出香喷喷的米饭，咽了咽口水，说：“师父、沙师弟，你们都不吃，那老猪就不客气了。”八戒刚把米饭送到嘴边，就听见嗖的一声，一个桃核把饭碗打翻在地。

八戒噌的一下站起来，生气地问：“是谁浪费粮食？”只见天边闪过一道金光，悟空化斋回来了。他大喊：“你这猪头，难道看不出她是个妖精？”悟空刚说完，所有人都傻眼了，唐僧一脸**不可思议**[⑦]，说：“你这猴头平时是有些本事，可现在你怎么能说施主是妖精呢？”

白骨精见悟空识破自己的伎俩，立刻装出一副可怜兮兮的模样，哭着说：“你说话怎么这么难听，我真是好心被当成驴肝肺！”她心里却暗自想着：哼，臭猴子，算你有本事，不过看本夫人怎么对付你！

⑥不动声色

动：变动。声：言谈。色：脸色。内心活动不从语气和神态上表现出来，形容遇事沉着，镇静自如。

近义词：不露声色

⑦不可思议

思议：想象，理解。佛教用语，指不可能想象，不可能用言语表达，后指难以想象，不能理解。

近义词：匪夷所思

反义词：可想而知

趣味练练练

成语接龙

请填写空格，完成下图的成语接龙游戏。

岸						
观						
	上	浇		然	而	
						离
						死
雨		地	翻		洞	有
翻						
消						
雾						

找成语

下面句子中各包含一个成语，请你把它找出来填到后面方框中。

庆“六一”的游园活动中，同学们兴高采烈地玩了许多游戏。

不知道为什么，他怒气冲冲地走进了教室。

教室里，同学们都在聚精会神地听老师讲课。

那个老人经常坐在路口自言自语。

就在要撞车的千钧一发的时候，司机紧急刹住了车。

改革开放以来，工厂如雨后春笋般涌现。

那里展出的东西太多了，使我们目不暇接。

第 9 课

幸亏俺老孙回来得及时，好险啊

血口喷人

如花似玉

肉眼凡胎

七窍生烟

不打自招

楚楚可怜

泪如雨下

成语故事汇

话说悟空摘了果子回来，看见妖精正想毒害八戒，立即打翻饭菜，说出真相。谁知，唐僧和八戒一个比一个糊涂，都不相信那个姑娘就是妖精。白骨精在一旁哭哭啼啼，硬说悟空**血口喷人**[①]，求唐僧给她做主。

唐僧说：“悟空，施主心地善良，给我们斋饭吃，你怎么能不分青红皂白冤枉她是妖精！”悟空听了气得直哆嗦，说：“老孙我有火眼金睛，你看她是一个**如花似玉**[②]的姑娘，可我看到的却是一具白骨，她分明是个白骨精！师父你是**肉眼凡胎**[③]，不知真假。”悟空又对八戒说：“好你个猪呆子，我叫

①血口喷人

比喻用恶毒的话诬蔑或辱骂别人。

近义词：含血喷人

反义词：口角春风

②如花似玉

像鲜花和美玉那样，形容女子姿容美艳。

近义词：花容月貌

反义词：其貌不扬

③肉眼凡胎

指只具有平常眼光的尘世中的普通人，也常用来指眼光短浅的庸人。

近义词：凡夫俗子

反义词：仙风道骨

你好好保护师父，你倒好，连妖精和人都分不清！”

八戒努努嘴，反驳说：“猴哥，我看你看谁都像妖精，你看我是不是也像妖精？”悟空见他俩这么糊涂，十分生气，把心里想的一股脑儿说了出来：“师父，我知道了，你一定是瞧这个妖精长得漂亮，动了凡心！你要是动了凡心，就说出来，我们哥儿几个给你砍木头盖房子，你就娶了她，在这儿过逍遥日子吧。我们还上什么西天，取什么真经，都各回各家，散伙得了！”悟空越说越不像话，唐僧听了气得**七窍生烟**[4]，指着悟

④七窍生烟

七窍：指两眼、两耳、两鼻孔和口。好像七窍都冒了火，形容极其愤怒或焦急。

近义词：火冒三丈

反义词：心平气和

空，张着嘴，半天说不出话来。

白骨精见悟空这么难缠，想找个机会逃跑。可她转念一想，逃跑不就等于**不打自招**[5]，承认自己是妖精了？于是她继续装出一副**楚楚可怜**[6]的模样，跪倒在地，一边哭一边说：“我见师父是个好人，这才想送些斋饭给他，却被冤枉为妖精，百般羞辱，这话要是传出去，叫我以后如何见人啊？”

八戒瞅见美人落泪，心里都快拧成个疙瘩了。他埋怨悟空：“猴哥，你看看你，总是冤枉好人，人家挺好的姑娘非被你说成妖精，这以后她还怎么生活？你还有没有良心？”

悟空听了暴跳如雷，心里的怒火止不住地往上蹿。他跨步上前一把推开八戒，把白骨精从地上揪起来，恶狠狠地说：“你这个害人精，看俺老孙不打得你满地找牙！”白骨精顿时**泪如雨下**[7]，苦苦哀求道：“我不是妖精，师父救救我啊！”

⑤不打自招

不用拷问，自己就招认了，也指无意中泄露了真实的情况或意图。

近义词：供认不讳

反义词：屈打成招

⑥楚楚可怜

形容娇柔秀美，使人觉得可爱，也形容柔弱、凄苦而令人怜爱。

近义词：妩媚动人

反义词：令人作呕

⑦泪如雨下

眼泪像下雨一样流下，形容泪水流得很多，极为悲伤。

近义词：泪如泉涌

反义词：笑逐颜开

趣味练练

成语看医生

下面的成语中各有一个错别字，小朋友们用“火眼金睛”把它找出来吧。

一愁莫展	王候将相	穿流不息
义不容词	吹毛求癖	催枯拉朽
抑扬顿措	出类拔粹	鞠躬尽粹
不共带天	张冠李代	披星带月
养精储锐	责无旁待	百战不怠
弹精竭虑	肆无忌掸	虎视耽耽
投机岛把	中流抵柱	调以轻心

成语接龙

将下图的方框填写完整，使成语首尾相连。

			一
		气	意
扬			
大			心

第 10 课

师父，你咋是非不分呢

无计可施
人命关天
心有余悸
名不虚传
金蝉脱壳
满不在乎
固执己见
一时半刻

成语故事汇

悟空快速掏出金箍棒，奋力向白骨精打去。眼看着金箍棒就要落下来，白骨精**无计可施**[1]，只好舍了肉身，化作一阵青烟逃跑了。

唐僧眼瞧着悟空杀了人，气不打一处来，怒斥道："你这泼猴！好好一个姑娘，你硬说是妖精，还一棒子将人打死了，知不知道**人命关天**[2]，你这是在滥杀无辜啊！"

悟空替师父赶走了妖精，反受责备，自然是满腹委屈，于是没好气地回嘴："分明是师父你被妖精的皮相所迷惑，差点儿做了人家的点心，现在还反过来责怪我，俺老孙真是无话可说。"

①无计可施

计：策略，办法。施：施展。没有计策可以施展，即一点儿办法也拿不出来。

近义词：束手无策

②人命关天

事情涉及人的生命，关系重大。

近义词：性命交关

反义词：无足轻重

③心有余悸

悸：因害怕而心跳。事情已经过去，回想起来仍感到恐惧。

近义词：惊弓之鸟

反义词：泰然自若

④名不虚传

流传开来的名声确实很好，不是空有虚名。

近义词：名下无虚

反义词：徒有虚名

⑤金蝉脱壳

壳：坚硬的外皮。蝉由幼虫变为成虫时要脱壳而出，比喻用假象迷惑对方，设法脱身。

近义词：瞒天过海

那白骨精逃回白骨洞，现出原形，扶着墙壁直喘气。众小妖一见此景，立刻围了上来，询问进展如何。白骨精拍拍胸口，**心有余悸**[3]地说："孙悟空果然**名不虚传**[4]，我本来已经取得了唐僧和猪八戒的信任，眼看就要得手。可那臭猴子突然冲出来，一眼看出我是妖，若不是我**金蝉脱壳**[5]，恐怕已经死在他的棒下。真是气死我了！"

小骨头摸着下巴想了想，笑着安慰白骨精道："夫人不用恼火，这其实是件好事。你想，唐僧和猪八戒都已经认定你是好人，

孙悟空却在他们眼前‘杀’了你，唐僧又怎会轻易原谅他呢？”

白骨精一想也是，便消了怒气，和小妖们重新商量起计策来。

这边，唐僧吩咐八戒和沙僧挖坑，妥善地安葬尸体，自己在一旁为死者念经祷告。他念完经，瞧见悟空吊儿郎当地站在旁边，一副**满不在乎**⑥的样子，心里的怒火又升起来：“你杀了人，难道不知道悔过吗？”

悟空见师父**固执己见**⑦，头疼地回答：“师父，我杀的是妖，有什么好悔过的？您真是太糊涂了！”

唐僧气得说道：“你说我糊涂，那这尸体是怎么回事？眼见为实，耳听为虚，事实摆在眼前，你叫我怎么相信你？！”悟空也急了，可**一时半刻**⑧也不知道怎么解释，只说是那妖精使了脱身术。突然，他一拍脑袋，大叫着说：“师父，我想起来了，我知道证据在哪里了！”

⑥满不在乎

完全不放在心上。
近义词：若无其事
反义词：郑重其事

⑦固执己见

坚持自己的看法，不肯改变。
近义词：一意孤行
反义词：从善如流

⑧一时半刻

指很短的一段时间。
近义词：转眼之间
反义词：成年累月

趣味练练

选一选

请选择正确的字组成成语。

并行不（悖/背）	毛骨（悚/耸）然	大张（棋/旗）鼓
营私舞（弊/敝）	察言观（色/瑟）	金（碧/壁）辉煌
分道扬（镳/彪）	按部就（般/班）	作茧自（缚/傅）
（残/惨）无人道	明（辨/辩）是非	（残/惨）淡经营

下面哪个句子中的字与成语中的字读音相同，请将它们找出来。

安 土 重 迁

1. 这些东西很重，我搬不动。
2. 虽然这次失败了，但我还有重新再来的机会。
3. 他终于得以重见天日了。

退 避 三 舍

1. 我们宿舍里的人相处得很融洽。
2. 为了取得好成绩，我已经舍弃了很多东西。
3. 虽然有点儿舍不得，但我还是把心爱的钢笔送给了朋友。

是 非 曲 直

1. 今天我学了一首新的歌曲。
2. 弯曲的小路上铺满了鹅卵石。
3. 这首钢琴曲我已经练习很久了。

第 11 课

好好的饭，怎么变成癞蛤蟆了

果不其然
信口开河
突如其来
大吃一惊
令人作呕
活蹦乱跳
捧腹大笑
惊魂未定

成语故事汇

过了一会儿，八戒和沙僧埋了尸体回来，唐僧把他俩都叫了过来，准备看悟空怎么自证清白。悟空想起妖精曾给师父他们送斋饭，觉得此事很蹊跷，哪有妖精会做饭，那饭菜肯定是施了妖法的。悟空从地上捡起装饭菜的篮子，用火眼金睛一看，**果不其然**①，和他猜想的一样。

悟空把篮子提到唐僧和八戒面前，对八戒说：“猪呆子，师父冤枉我也就算了，你可是会法术的，怎么也跟师父一样冤枉我？”八戒翻了个白眼，一屁股坐在大树底下，伸了个懒腰说：“猴哥，我虽然法术没你强，

①果不其然

果然如此，指事情跟预料的一样，多用来强调不出所料。

近义词：不出所料

反义词：出人意料

可也是得道的神仙，我就没看出来刚才的施主是妖精。猴哥，你没证据可别**信口开河**[②]啊！”

悟空见八戒一副烂泥扶不上墙的模样，也不想跟他多说，把篮子放在大家跟前说：“师父，这就是证明我清白的证据！那个妖精用障眼法变出这些斋饭，其实这根本不是斋饭，我现在解开了妖术，你们自己看看吧！”

唐僧过来一看，被这**突如其来**[③]的景象

②信口开河

信：随意。河：同“合”，闭嘴。随口乱说一气。

近义词：信口雌黄

反义词：言必有据

③突如其来

突如：突然。突然到来或发生。

近义词：猝不及防

吓了一跳，赶忙后退几步，一个不留神跌倒在地。他哆哆嗦嗦地指着饭菜，吓得话都说不清楚：“悟……悟空，这、这、这是怎么回事儿？”八戒见师父吓得魂都没了，凑上前来一瞧，顿时**大吃一惊**[4]，只见那香喷喷的饭菜已经变成一堆**令人作呕**[5]的蛆，还有几只**活蹦乱跳**[6]的癞蛤蟆。

就在八戒凑近看的时候，一只准备逃窜的癞蛤蟆一下子蹦到他脸上，吓得八戒从地上跳了起来，尖叫着：“猴哥，快把它从我脸上拿走，猴哥！”看着八戒慌手慌脚的模样，悟空**捧腹大笑**[7]，他朝八戒吹口气，那只癞蛤蟆立即逃开。八戒吓得满头是汗，一屁股坐在地上喘粗气。

唐僧**惊魂未定**[8]，握着悟空的手说：“是为师错怪你了，还冤枉你杀了人，是为师不好。”悟空连忙摆摆手，说清事情的原委，得到了唐僧的认可。

④大吃一惊

形容对突然发生的事没有准备，深感意外，十分吃惊。

近义词：大惊失色

反义词：不出所料

⑤令人作呕

令：使。作呕：恶心，想呕吐。使人感到恶心，多表示对可憎的人或事情感到厌恶。

反义词：令人神往

⑥活蹦乱跳

形容活泼、健康、生命力旺盛。

近义词：欢蹦乱跳

反义词：死气沉沉

⑦捧腹大笑

捧腹：用手捂着肚子。形容哈哈大笑。

近义词：拊掌大笑

反义词：泣不成声

⑧惊魂未定

指受到惊吓后心情仍未平静下来。

近义词：心有余悸

反义词：处变不惊

趣味练练练

成语连连看

把下图中的提示词和相关成语连起来。

晕——晖	木已成舟
杭——航	转危为安
脆——胺	晕头转向
记——认	改头换面
迁——迈	舍己为人
亚——哑	引人注目
道——邀	千变万化
倩——睛	有口难言

成语时间表

请将恰当的时间词填入方格中。

□光熹微	朝	□三□四
□气蓬勃	暮	□钟□鼓
□以继日	晨	□朝□暮
半□三更	夜	□兴□寐

第 12 课

呆子，你又在那里挑拨是非

惊慌失措

添油加醋

破口大骂

信口雌黄

胡搅蛮缠

惹是生非

回心转意

成语故事汇

话说八戒被一只癞蛤蟆吓得**惊慌失措**[1]，心里觉得十分憋屈，又想起猴哥一棒子打死了自己喜欢的姑娘，坏了自己成亲的好事，心里更是堵得慌。他从地上爬起来，一边哼哼一边说："师父，咱们都被猴哥骗了。你想想，那个施主是给她爹送饭的，路上偶然碰见的咱们，她怎么可能是妖精？要是妖精来了，哪还会给咱们饭吃，肯定会把你抓走的。"

唐僧觉得八戒说的也有道理，可刚才悟空证明了自己的清白，这可怎么办？唐僧说："你说的也有道理，可这饭菜……"八戒推开悟空，**添油加醋**[2]地说："哼，

①惊慌失措

因惊恐、慌乱而举止失常，不知怎么办才好。

近义词：仓皇失措

反义词：安之若素

②添油加醋

比喻夸大事实或增添原来没有的内容。

近义词：添枝加叶

反义词：实事求是

师父你忘了？猴哥头上还戴了个金箍呢，他是杀了人怕你念紧箍咒，这才用障眼法迷惑咱们，肯定是他把饭菜变成这样的。”

悟空听得瞠目结舌，被八戒的挑拨惊呆了，忍不住指着八戒**破口大骂**[3]：“猪八戒，你还真是个猪脑子，难道我会害师父？你别**信口雌黄**[4]，**胡搅蛮缠**[5]！”八戒一听也急了，争辩道：“师父都快饿死了，叫你化斋你还

③破口大骂

破口：口出恶语。指用恶语大声怒骂。

近义词：出口伤人

④信口雌黄

雌黄：一种可用作颜料的黄色矿物。古时写字用黄纸，写错了就用雌黄涂改，意为随口更正不恰当的话，后指不顾事实，随口乱说或妄加评论。

近义词：信口开河

反义词：言之凿凿

⑤胡搅蛮缠

蛮不讲理，胡乱纠缠。

近义词：无理取闹

反义词：通情达理

不乐意去，好不容易遇到个好心的姑娘，你倒好，不管三七二十一，一棒子把人家打死。你犯了杀戒，害怕师父念紧箍咒，这才编出谎话糊弄我们！”

悟空真是秀才遇上兵——有理说不清，他掏出金箍棒，就要打八戒。唐僧见了以为是悟空心虚，立刻念起紧箍咒。金箍越来越紧，悟空头疼欲裂，直在地上打滚，苦苦哀求着：“师父，我没有杀人，你别念了，别念了！”

唐僧十分生气，对悟空说：“你这个泼猴，一向喜欢**惹是生非**[⑥]，做一些伤天害理的事，哪里像个出家人？我看你也别取经了，还是回花果山逍遥吧。”悟空听说要赶他走，心里虽十分委屈，却也连忙跪下给师父磕头认错：“师父，我知错了。我以后再也不惹事了，求求师父让我留下保护你，好叫我报当年的救命之恩啊。”唐僧心地善良，见悟空是真心悔过，便**回心转意**[⑦]，原谅了他。于是，师徒四人收拾好行李，唐僧骑上白龙马继续赶路。

⑥惹是生非

惹：招引。是、非：口舌，事端。招惹是非，引起争端或麻烦。

近义词：造谣生事

反义词：安分守己

⑦回心转意

回：掉转。改变原来的态度和心意。

近义词：幡然悔悟

反义词：执迷不悟

趣味练练练

归纳成语

把下列成语放进合适的框中。

旭日东升	日薄西山
东方将白	晨光熹微
夕阳西下	薄暮冥冥

清晨

傍晚

成语接龙

请填写下图的方框，完成上、下两条曲线的成语接龙。

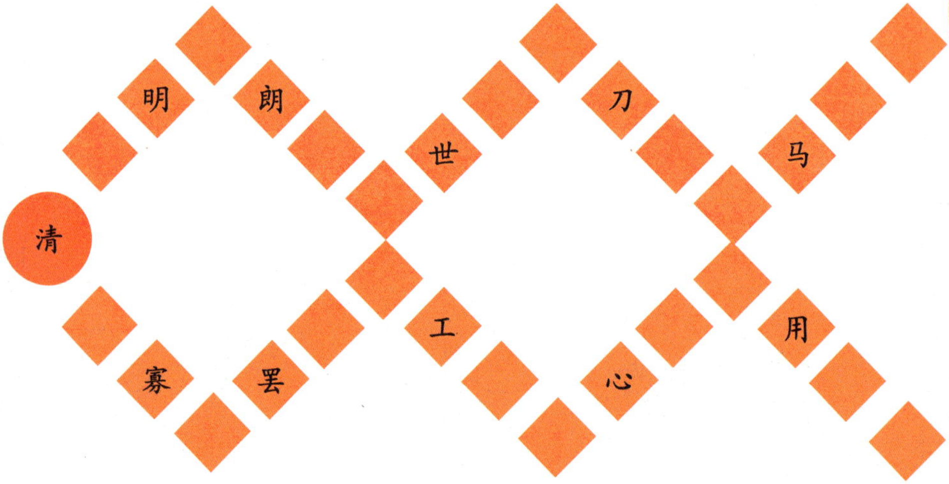

第 13 课

不好，俏姑娘的娘找来了

七老八十
步履蹒跚
蓬头垢面
忧心忡忡
胡说八道
含冤负屈
装模作样
原形毕露

成语故事汇

悟空受罚的一幕被白骨精看见，她高兴得合不拢嘴，唐僧不仅替她出了口气，还让她想到一出连环计。白骨精变成一个**七老八十**[1]的婆婆，拄着一根拐棍，**步履蹒跚**[2]地从山上走来，一边走还一边喊："女儿啊，你在哪儿呢？"

唐僧骑着白龙马，隔老远就听见有人在哭，不一会儿，就看见一个**蓬头垢面**[3]的老婆婆，坐在路边哭。唐僧见老人家哭得伤心，便走上前询问："老婆婆，您这是怎么了？"白骨精抹着眼泪说："我女儿下山给我家老头子送饭，可过了好久还没回家，我担心不

①七老八十

七八十岁的年纪，指人年纪很大。

近义词：年逾古稀

②步履蹒跚

步履：步行，行走。蹒跚：腿脚不灵便，走路缓慢、摇摆的样子。形容行走十分困难。

近义词：步履维艰

反义词：大步流星

③蓬头垢面

蓬：蓬乱。垢：污秽，脏。头发散乱，满脸污垢，形容人仪容不整洁。

近义词：不修边幅

反义词：衣冠楚楚

已，就下山找她，一不留神摔了一跤。”

唐僧赶快帮老婆婆检查伤势，看她伤得不严重，便扶她起来，说：“老婆婆，刚才我们遇到一个姑娘……”不等唐僧把话说完，老婆婆就拽住唐僧的胳膊，哭着问：“你在哪儿看见的？她上哪儿去了，怎么还不回家？”唐僧一脸**忧心忡忡**④的样子，不知道该怎么把这事告诉老婆婆，只好先请她坐到路边，心里想着怎么开口。

④忧心忡忡

忧心：忧虑。忡忡：忧愁的样子。形容心事重重，忧愁不安。

近义词：忧心如焚

反义词：无忧无虑

八戒听到了师父跟老婆婆的谈话，心里打起了鼓，小声地说：“坏了，这个老婆婆肯定是猴哥打死的那个姑娘的娘。她肯定是

来找女儿的，咱们怎么办啊？”悟空听得直翻白眼，说：“呆子，你别**胡说八道**⑤！那个姑娘十八岁，这个老婆婆都快八十岁了，怎么会是她娘？我过去瞧瞧，看这到底是怎么回事儿。”

悟空上前，一眼看穿白骨精的身份。不由分说，一把揪住老婆婆的手腕，对唐僧说：“师父，她就是刚才逃跑的妖精！”白骨精看自己又被识破，装出一副**含冤负屈**⑥的模样，哭喊着说：“我只是一个普通的老太太，怎么会是妖精？”

唐僧阴沉着脸，叫悟空松开老婆婆。悟空刚才受了委屈，好不容易抓住白骨精，根本不肯放手，辩解说：“师父，她刚才变成一个姑娘迷惑你，现在又变成一个老婆婆装可怜，你不能相信啊！”

老婆婆听说有女儿的消息，追问道：“你认识我女儿？她去哪儿了？”悟空笑着说：“哼，妖精，你还在这儿**装模作样**⑦蒙蔽我师父，今天我定让你**原形毕露**⑧，还我的清白！”老婆婆害怕极了，奋力挣扎了几下，摆脱了悟空的束缚。

⑤胡说八道

形容不负责任、毫无根据地乱说。

近义词：胡言乱语

反义词：言之有理

⑥含冤负屈

负：遭受。蒙受冤屈。

近义词：负屈衔冤

反义词：报仇雪恨

⑦装模作样

装样子，故作姿态。

近义词：装腔作势

反义词：落落大方

⑧原形毕露

原形：原来的形状，本相。毕：完全。本来面目完全暴露。

近义词：暴露无遗

反义词：藏形匿影

趣味练练练

选词填空

从方框里选择合适的词，填写到括号里组成成语。

彬彬	步步	蠢蠢	亭亭	绰绰	依依	多多	咄咄	喋喋	格格
济济	斤斤	侃侃	井井	空空	历历	楚楚	姗姗	岌岌	泛泛
草草	夸夸	高高	呱呱	赫赫	津津	炯炯	比比		

（　　）有礼
（　　）皆是
（　　）为营
（　　）玉立
（　　）欲动
（　　）了事
（　　）有余
（　　）可怜
（　　）在目
（　　）不舍
（　　）益善
（　　）逼人
（　　）不休
（　　）而谈

（　　）不入
（　　）在上
（　　）坠地
（　　）来迟
（　　）有名
（　　）有味
（　　）有神
（　　）一堂
（　　）有条
（　　）计较
（　　）可危
（　　）其谈
（　　）如也
（　　）而谈

猜成语

根据描述猜成语。

天 半 直 戎 响 安 天 嘴

长竹竿进巷道	——→	○来直去
黄瓜敲木钟	——→	一声不○
躺下才舒服	——→	坐立不○
青蛙测气象	——→	坐井观○
六个月完成年计划	——→	事○功倍
秋天的石榴	——→	合不拢○
孙大圣翻跟头	——→	一步登○
秀才当兵	——→	投笔从○

第 14 课

你怎么又一棒子打死了人

在劫难逃

人面兽心

百口莫辩

溜之大吉

居心叵测

成语故事汇

悟空见妖精逃出自己的手心，从耳朵里掏出金箍棒，拦住了她的去路，说："哼，你还是没挨够老孙的棒子，就让你再尝尝老孙的厉害！"

白骨精知道自己**在劫难逃**[①]，指着唐僧破口大骂："好啊，你这个**人面兽心**[②]的和尚！我女儿迟迟不回，原来是被你们害了！你还我女儿！"唐僧**百口莫辩**[③]，只能道歉，可悟空气势汹汹，丝毫没有悔过的意思。

悟空瞧师父还不相信，突然腾空跳起，一棒子打在老婆婆头上，老婆婆顿时咽气。白骨精趁悟空举起金箍棒的时候，就舍弃肉

①在劫难逃

旧指命里注定的灾祸，无法逃脱，也借指某种灾难的发生难以避免。

反义词：绝处逢生

②人面兽心

兽心：内心像野兽一样。指外貌虽是人，但心肠非常凶狠，像野兽一样，形容为人卑鄙、凶残、狠毒。

近义词：衣冠禽兽

反义词：正人君子

③百口莫辩

莫：不能。辩：辩解，辩白。即使有一百张嘴也不能辩白清楚，形容受了委屈或冤枉而无法申辩。

近义词：有口难分

反义词：不言而喻

④溜之大吉

溜：趁人不注意走开。偷偷地走开或一走了事。

近义词：溜之乎也

身，**溜之大吉**④了。一旁的唐僧气得差点儿晕过去，见悟空三番两次杀人，二话不说念起了紧箍咒。

悟空头上的金箍越来越紧，快把他的脑袋勒成一个葫芦了。悟空哭号连连，在地上翻来覆去地打滚，求唐僧饶过他。可这次唐僧像吃了秤砣一般，铁了心要给他点儿教训。

悟空哭得凄惨，求饶道："师父，求你别念了，求你别念了！咱们有什么话好好

说不行吗？”唐僧生气地说：“我跟你无话可说！咱们是出家人，凡事以善为首，可你呢？才一会儿工夫，你就杀了两个人啊！”

悟空痛得眼冒金星，什么都看不清楚，只能摸索着爬到唐僧身边，忍着头痛说道：“师父，你真的错怪我了。咱们遇见的姑娘和老婆婆都是白骨精变化的，她**居心叵测**[⑤]，想害你，吃你的肉！师父，我受菩萨点化，要保护你到西天取经，我是不会害你的，你要相信我啊！”

唐僧心善，最见不得杀生，悟空害了两条人命，让他又生气又难过。转念一想，这猴子虽然做了伤天害理的事，可他对自己倒是忠心耿耿，便不忍心他这么受苦。于是，唐僧停止念紧箍咒，对悟空说：“你这泼猴，实在顽劣，难以管教。你还是走吧，从此以后，你再也不是我徒弟了。”

⑤居心叵测

居心：存心，怀着某种念头。叵：不可。测：测度。心存险恶，难以推测。

近义词：别有用心

反义词：光明磊落

趣味练练练

成语接龙

根据图示，将下面的成语补充完整。

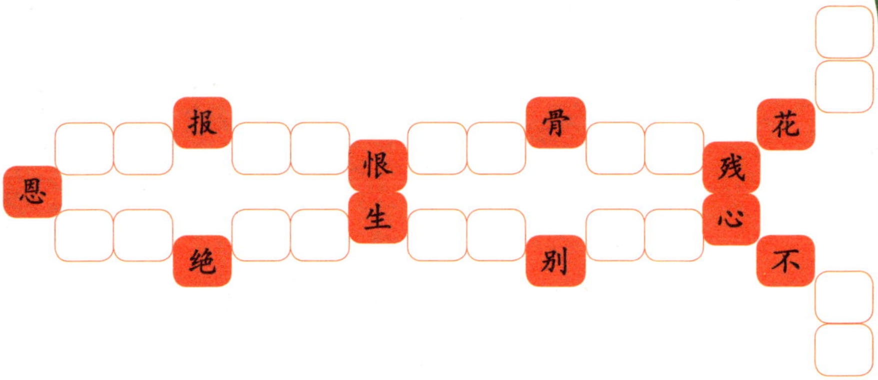

猜成语

读歇后语，根据题意填写成语。

- 强盗抓小偷
- 小葱拌豆腐
- 铁公鸡
- 刘备看庞统
- 十五只吊桶
- 和尚打伞
- 泥菩萨过江

第 15 课

师父，你别赶我走

恩断义绝

闷闷不乐

心甘情愿

号啕大哭

三思而行

成语故事汇

悟空听师父说要和他**恩断义绝**[1]，十分伤心，想到取经路上有那么多妖魔鬼怪，担心师父在路上被抓了去，想找个理由留下。于是他**闷闷不乐**[2]地说：“师父既然不认我了，让我走也成，可你得答应我一个条件。”唐僧问：“什么条件？”八戒哼哼两声说：“师父，猴哥是想跟你分行李。他跟随你这么久，总不能一点儿好处都没有吧。师父，你就把包袱里的破袈裟分他两件，省得叫他空手回去。”

悟空大吼道：“猪八戒，你别以小人之

①恩断义绝

情义断绝，关系决裂。指亲朋（多指夫妻）感情破裂。

反义词：恩深义重

②闷闷不乐

闷闷：心情烦闷不快的样子。心里烦闷，不快活。

近义词：怏怏不乐

反义词：乐不可支

③心甘情愿

甘：甘愿，乐意。心里完全愿意，没有一点儿勉强，多指自愿做出某种牺牲或努力。

近义词：甘心如荠

反义词：迫不得已

心度君子之腹！我跟随师父是**心甘情愿**[③]的，分什么行李？”唐僧疑惑地问：“那你有什么要求？”

悟空跪在地上，虔诚地说：“师父，实不相瞒，我在大闹天宫以前是花果山的美猴王，山上所有的妖魔鬼怪都对我唯命是从，

我说东，他们不敢说西，特别威风。后来我犯了天规，被压在五行山下，做了你的徒弟，头上就被勒了一个金箍，我要是戴着这个金箍回花果山，还不被他们耻笑？师父，不如你念个‘松箍咒’，把这金箍拿走，我也好回我的花果山去。”

唐僧听了目瞪口呆，这金箍只有紧箍咒，哪有什么“松箍咒”啊。悟空趁机抱住唐僧的大腿**号啕大哭**[4]：“师父要是不取走我头上的金箍，我就哪儿也不去。”唐僧没有办法，只好说：“行了，你起来吧，我就再饶恕你一回，以后你可再也不能杀人了。凡事都要**三思而行**[5]，不能混账赖皮了。”

悟空获得了唐僧的宽恕，高兴得在地上连翻几个跟头，头也不觉得疼了。他扶师父上了马，牵着马继续前进，八戒和沙僧则挑着行李跟在身后。八戒小声嘀咕着：“哼，师父也真是的，每次都原谅那只臭猴子。”就这样，师徒四人又继续赶路了。

④号啕大哭

号：大声哭。形容放声大哭。

近义词：痛哭流涕

反义词：捧腹大笑

⑤三思而行

三：再三，表示多次。反复考虑后再做。

近义词：从长计议

反义词：轻举妄动

趣味练练

选一选

请选用正确的字将成语补充完整。

鼻 发 眼 手 脚 心
胆 口 眉 耳 嘴 肝

嗤之以（ ）	七（ ）八舌	有（ ）无珠
（ ）灵手巧	张（ ）结舌	（ ）大包天
迫在（ ）睫	千钧一（ ）	（ ）踏实地

猜成语

根据地名猜成语。

大同	相　　　无
宁波	风　　　浪
海口	夸　　　其
重庆	双　　　临
开封	自　　　矛
旅顺	一　　　风
延寿	长　　　不

第 16 课

白骨精又生一计

一举一动

神通广大

万全之策

摇身一变

老态龙钟

愚不可及

成语故事汇

话说白骨精又从悟空手里逃过一劫，她驾着一朵阴云，在空中偷偷观察唐僧师徒的**一举一动**①，暗自思忖道：好一个孙悟空，不仅两次识破我的变化，对我猛下狠手，还能让唐僧一次又一次地原谅他，果然**神通广大**②。不过这唐僧肉我非吃不可，过了这山头可就不是我的地盘了，一定要尽快再想出法子来。

她急忙回到山洞，召集小妖们一起商议如何抓到唐僧。白骨精不甘心地说："不管我变成什么模样，那猴子都能一眼识破，这可如何是好呢？小骨头，你平时鬼主意最多，

①一举一动

指每个动作或行为。

近义词：一言一行

②神通广大

神通：佛教用语，神秘莫测、无所不能的力量。指法术广大无边，无所不能，也泛指人的本领高超，办法多。

近义词：三头六臂

反义词：碌碌无能

快替我想出**万全之策**[3]。”

小骨头在一旁踱来踱去，没过一会儿，他眼珠一转，计上心来，凑到白骨精耳边说着什么，只见白骨精眉目舒展，赞许地对小骨头说：“不错，就按你说的办，这次一定要拿下唐僧！你们几个，去把大锅备好，今天一定能吃上唐僧肉！”

③万全之策

全：完善，周到。策：计谋，办法。极其周全妥当的计谋、办法。

近义词：锦囊妙计

反义词：漏洞百出

几个小妖领命下去了，白骨精念动咒语，**摇身一变**[④]，一个**老态龙钟**[⑤]的老公公就出现了。只见老公公佝偻着背，咳嗽几声，用苍老的声音说道："小骨头，给我串一条骨头链来。"

小骨头在白骨堆里东挑西拣一番，然后递给白骨精一条用死人骨头做成的链子。白骨精对着链子吹了口气，那串白骨链子就变成了一串念珠。

她一手拄着拐杖，一手拿着念珠，走路慢吞吞的，还真像那么回事儿。小骨头忍不住称赞道："夫人法力高强，变什么像什么，这次一定能扳倒那只臭猴子，把唐僧给逮回来。"

白骨精纵声大笑，说："孙悟空的确难对付，可惜他的师父和师弟都**愚不可及**[⑥]，一个比一个蠢，只要这次计划成功，就不怕吃不到唐僧肉！"

说完，她化作一阵阴风，消失在山洞中。

④摇身一变

一晃动身子就改变了形象，指神怪小说所描写的神人或妖怪的一种变身法术，现多指人一下子就改变了身份、面貌、态度等。

近义词：改头换面

反义词：一成不变

⑤老态龙钟

龙钟：身体衰老而行动不灵便的样子。形容年老体衰，行动不便。

近义词：蓬头历齿

反义词：老当益壮

⑥愚不可及

及：赶上。原指有智慧而外表看上去愚笨，不是一般人所能做到的，后多指极其愚蠢。

近义词：愚昧无知

反义词：无所不知

趣味练练练

成语连连看

把下面的成语和它的“小伙伴”用线连起来吧。

一夫当关	不见泰山
一叶障目	驷马难追
一言既出	万夫莫开
一人得道	满盘皆输
一波未平	如隔三秋
己所不欲	匹夫有责
三天打鱼	一波又起
八仙过海	鸡犬升天
天网恢恢	勿施于人
一日不见	各显神通
二人同心	疏而不漏
天下兴亡	两天晒网
一着不慎	其利断金

猜成语

把恰当的成语填写到对应的框中。

求良药	最奇特的冤案	新兵打胜仗	连连叫好	左右摇摆	十百千	啄木鸟	不图虚假 查明真相
↓	↓	↓	↓	↓	↓	↓	↓

第 17 课

路遇老公公找女儿，这可怎么办

念念有词

喜上眉梢

三令五申

胡作非为

弄虚作假

同归于尽

成语故事汇

唐僧师徒又继续赶路，没多久，远远看见前面走来一个老公公。这个老公公一手拄着拐棍，一手拿着念珠，缓缓而行，嘴里**念念有词**[①]，像是在咏诵佛经。唐僧看见**喜上眉梢**[②]，感叹说："你们看看，这里多太平啊，人人都怀有一颗向善的心。"八戒打岔说："师父，你别高兴了，这老公公肯定是找咱们寻仇的。"唐僧疑惑地问："寻仇？他找咱们寻什么仇？"

八戒说："哼，还不是猴哥，他打死了人家的老婆、女儿，人家怎么可能放过咱们？他来这儿，肯定是要咱们偿命的。"悟空敲

①念念有词

念念：诵读。旧时迷信的人小声念咒语或说祈祷的话，也指人不停地自言自语。

近义词：喃喃自语

反义词：闭口无言

②喜上眉梢

眉宇间流露出喜悦的神情。

近义词：喜笑颜开

反义词：愁眉不展

了一下八戒的脑袋，说：“你这个猪头，别胡说八道，吓着师父怎么办？”八戒哼哼两声，不说话了。悟空说：“师父，我到前面去看看情况。”唐僧**三令五申**③，要悟空不可再**胡作非为**④，伤害别人。

悟空念着咒语，把金箍棒藏在手心里，走到老公公面前，问道：“老公公，你这是要到哪儿去啊？”

③三令五申

三、五：表示次数多。令：命令。申：申明，说明。再三地命令、告诫。

反义词：言之不预

④胡作非为

非：不合理的，错误的。任意胡来，毫无顾忌地做坏事。

近义词：为非作歹

反义词：安分守己

白骨精编瞎话说："我家就住在这山上，我是来寻老婆和女儿的。中午我女儿出来给我送饭，可我等了好久也没等到她，回家又发现老婆不见了，我就想出来找找。"

悟空一看便知这个老公公是白骨精变的，问："老公公，你手上拿的是什么呀？"老公公答："我拿的是佛珠。"悟空一把抓住他的手腕，恶狠狠地说："别人不知道，老孙还不知道吗？你手上拿的是骷髅，你就是刚才逃跑的妖精！"

白骨精知道被发现了，干脆演戏演到底，一边哭一边喊冤枉。悟空笑着说："你还要继续**弄虚作假**[5]吗？刚刚被打死的姑娘和老妇都是你变的，你这次还想冤枉我，门儿都没有！"白骨精用力挣脱悟空的手，大声喊道："原来是你杀了我的老婆和孩子，今天我要跟你**同归于尽**[6]！"说着，就往悟空身上撞。

⑤弄虚作假

用虚假的东西来蒙骗他人。

近义词：招摇撞骗

反义词：实事求是

⑥同归于尽

归：趋向，走向。尽：完，指死亡或灭亡。一起走向死亡或毁灭。

近义词：玉石俱焚

趣味练练练

猜成语

为下面的歇后语选择恰当的成语。

穷途末路	有去无回	路人皆知	后悔莫及
人云亦云	走为上计	黄雀在后	威风凛凛

八哥学舌	
司马昭之心	
螳螂捕蝉	
秦叔宝卖马	
穆桂英挂帅	
曹操杀二蔡	
三十六计	
肉包子打狗	

成语注音练习

小朋友，请动手给多音字注音吧。

形单影只（　　　　）
只争朝夕（　　　　）

引吭高歌（　　　　）
一声不吭（　　　　）

亡国灭种（　　　　）
种瓜得瓜（　　　　）

度日如年（　　　　）
度德量力（　　　　）

虚与委蛇（　　　　）
委曲求全（　　　　）

称兄道弟（　　　　）
称心如意（　　　　）

宁缺毋滥（　　　　）
息事宁人（　　　　）

乳臭未干（　　　　）
臭味相投（　　　　）

忍俊不禁（　　　　）
禁网疏阔（　　　　）

寡廉鲜耻（　　　　）
鲜衣美食（　　　　）

第 18 课

妖精，别想跑

左思右想

千方百计

十恶不赦

一网打尽

成语故事汇

话说那白骨精撞向悟空，没碰到他一根汗毛，反而摔倒在地，只好躺在地上哭哭啼啼。

悟空从手心里变出金箍棒，那老公公坐在地上瑟瑟发抖，悟空**左思右想**①：我现在打死这妖精，师父肯定以为我杀了人，又要念紧箍咒；可我要是不打死她，她以后肯定会**千方百计**②地掳走师父，到时候我还要费功夫救他，不如现在打死她，逼她现原形！

白骨精趁悟空犹豫的空当，化成一股青烟逃走了。悟空气得直跺脚，没想到把这座山的土地神给叫出来了。两个土地神

①左思右想

形容反复考虑。

近义词：思前想后

反义词：不假思索

②千方百计

方：方法。计：计策，办法。用尽一切方法和计策。

近义词：想方设法

反义词：无计可施

见是悟空，连忙拜见说："大圣，您怎么到这儿来了？"悟空说："我护送师父到西天取经，却被这座山上的妖怪戏弄，害我被师父冤枉。你们来得正好，这山上的妖精到底是什么来头？"

两个土地神齐声说："她是修道二百年的白骨精，能变化人形、变化物体。她在山上有一个白骨洞，平时和手下的小妖们会吃上山的人，是个**十恶不赦**[③]的妖。大圣要是降伏了她，大家伙儿就能自由上山，这是件大好事啊。"

悟空笑着说："好，今天就让她知道知道我的厉害，我要把她们**一网打尽**[④]！你们两个一会儿都到旁边看着，好给我做证，省得我师父又责怪我杀人。"说完，就化成云烟去找那妖精的下落，两个土地神紧随其后。

③十恶不赦

形容罪大恶极，不可饶恕。

近义词：罪恶滔天

④一网打尽

比喻全部抓获或彻底肃清。

近义词：一扫而光

反义词：网开一面

趣味练练练

成语猜数字

在空格里填上数字组成成语。

♡	字	千	金
不	堪	♡	击
表	里	如	♡
举	一	反	♡

说	三	道	♡
♡	令	♡	申
♡	海	为	家
♡	面	楚	歌

九	牛	♡	毛
♡	体	投	地
九	死	♡	生
颠	♡	倒	四

♡	上	八	下
十	全	♡	美
♡	长	♡	短
♡	室	♡	空

成语猜生肖

每个人都有自己的属相，接下来就让我们根据生肖补齐成语吧。

鼠	牛	虎	兔	龙	蛇
马	羊	猴	鸡	狗	猪

闻♡起舞　　♡♡不如　　♡视眈眈

守株待♡　　叶公好♡　　打草惊♡

杀鸡儆♡　　亡♡补牢　　指鹿为♡

投♡忌器　　对♡弹琴　　狐朋♡友

第 19 课

打死也就一棍子的事

轻而易举

大步流星

穷途末路

低声下气

为非作歹

成语故事汇

悟空本领超群，**轻而易举**①地找到了白骨精的老巢。只见洞口堆着无数枯骨，不禁让人直冒冷汗。两个土地神吓破了胆，齐齐躲到地里不敢出来。悟空却连眉头都不皱一下，**大步流星**②地走进白骨洞。

刚一进洞，百八十只小妖就把他团团围住。白骨精笑着说："孙悟空，你竟然敢一个人闯我的白骨洞，今天就叫你有来无回！"悟空听了这话，冷笑着说道："你这点儿本事，只够给我挠痒痒。"

说完，他鼓起腮帮子一吹气，众小妖就溃不成军，死的死、伤的伤。白骨精吓

> **①轻而易举**
>
> 形容事情容易做，不费力气。
>
> 近义词：易如反掌
>
> 反义词：谈何容易

> **②大步流星**
>
> 形容跨着大步，走得飞快。
>
> 近义词：健步如飞
>
> 反义词：步履维艰

破了胆，想赶紧逃到唐僧那儿去，变成人形，哄唐僧救她。

可惜，悟空穷追不舍，紧跟在她身后。白骨精好不容易逃到唐僧附近，却没有接近他的机会。白骨精已是**穷途末路**[③]，无奈之下，只好跪地求饶，**低声下气**[④]道：“大圣，求你高抬贵手放了我吧，我以后再也不敢了！”

悟空笑着说：“放了你？让你继续**为非作歹**[⑤]吗？今天就让你知道老孙的本事！”说着，悟空举起金箍棒就是一棍！

③穷途末路

穷途：阻塞不通的路，绝路。形容人陷入绝境，无路可走。

近义词：走投无路

反义词：柳暗花明

④低声下气

下气：不敢大声出气。形容恭顺小心的样子。

近义词：低三下四

反义词：盛气凌人

⑤为非作歹

非、歹：指坏事。干各种各样的坏事。

近义词：胡作非为

反义词：安分守己

趣味练练练

成语接龙

将下面“2015”图形中的成语补齐。

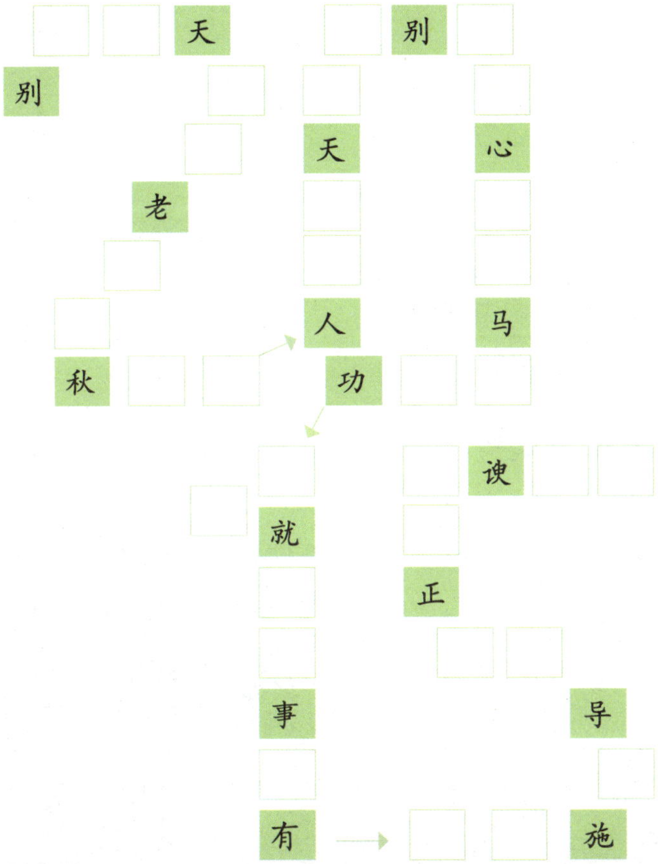

补成语

根据提示，把下面成语空缺的字补齐。

一		涂		七		之	
二		其		八		之	
三		四		九		归	
四		皆		十		不	
五		十		百		交	
六		金		千		万	

第 20 课

大师兄，你摊上大事了

义愤填膺

怒火中烧

掩人耳目

潸然泪下

厚颜无耻

鸟尽弓藏

成语故事汇

白骨精这次没能逃脱，被悟空一棒子制伏，一命呜呼，化成一具枯骨。唐僧瞧见后，以为悟空又杀了人，气得浑身哆嗦，口不能言。八戒在一旁**义愤填膺**[1]，说：“师父，你看看，猴哥这一天打死三个人！”唐僧**怒火中烧**[2]，正要念紧箍咒的时候，悟空急忙赶过来说：“师父，你别念咒！你过来看看她到底是人是妖。”

唐僧探头一看，只见一堆骷髅，吓得他结结巴巴地说：“这，这人才死，怎么就化成一堆骷髅了？”悟空将事情的原委说了一遍，这才使唐僧相信了他。就在这时，

①义愤填膺

义愤：对非正义的事情所产生的愤怒。膺：胸。胸中充满义愤。

近义词：满腔义愤

反义词：麻木不仁

②怒火中烧

中：内心。愤怒的火焰在心中燃烧，形容心中怀有极大的愤怒。

近义词：怒不可遏

反义词：心花怒放

八戒又横插一脚，说："师父，你别被猴哥骗了，他是下手重，把人打死了怕你念紧箍咒，这才用障眼法**掩人耳目**③。"

③掩人耳目

掩：遮盖。遮盖别人的耳朵和眼睛，比喻用假象蒙蔽人，以掩盖事实真相。

近义词：混淆视听

反义词：襟怀坦白

唐僧本就将信将疑，听了八戒的话，又念起了紧箍咒。悟空疼得满地打滚，叫苦不迭。唐僧说："泼猴，今天你杀了三个人，我无论如何也不能原谅你了。从今以后，你不再是我的徒弟，回你的花果山吧。"

说完，他叫八戒和沙僧取出笔和纸，写下一张贬书，表示从此以后跟悟空再也没有半点儿师徒情分。

悟空**潸然泪下**[④]，伤心地说："师父，我说什么你都不信，反而信那呆子的话。今天你多次驱赶我，我要是再赖在你身边就是我**厚颜无耻**[⑤]了。我一路保护你，每次遇到妖魔鬼怪，都是我拼了命去救你，可你却是**鸟尽弓藏**[⑥]，兔死狗烹。不管怎么样，你是我师父，临走前请受我一拜吧。"

唐僧背过身去，对悟空不理不睬，嘴里还嘀咕着："我不受坏人跪拜。"悟空擦了擦眼泪，对沙僧说："师弟，那猪呆子又馋又懒，以后你要照顾好师父。"说完，他纵身一跃，跳上筋斗云，泪眼婆娑地回到了花果山水帘洞。

唐僧将悟空赶走后，带着八戒、沙僧继续西行。不料，遇上黄袍怪，唐僧和沙和尚都被擒。八戒为救师父，在白龙马的劝说下，赶到花果山将悟空请回来，降伏了黄袍怪，救出了唐僧。

这时，唐僧也知道是自己误会了悟空，师徒二人重归于好。接着，师徒四人一起踏上了取经之路。

④潸然泪下

潸然：流泪的样子。形容因有所触动而情不自禁地流下眼泪。

近义词：声泪俱下

反义词：喜笑颜开

⑤厚颜无耻

颜：脸面。厚着脸皮，不知羞耻。

近义词：恬不知耻

反义词：无地自容

⑥鸟尽弓藏

飞鸟猎尽了，就把弓收起来。旧时用来比喻封建帝王取得政权之后，功臣遭到废弃或杀害；现比喻达成目的之后，将曾经帮助过自己的人一脚踢开。

近义词：过河拆桥

反义词：感恩戴德

趣味练练

动物组成语

选择正确的词语，填写到括号中组成成语。

昆虫类	飞蛾 蚍蜉 螳螂 蝉 蜻蜓 蚁
鸟禽类	鹤 鸡 鸠 鹊 雕 鸿鹄 凤 鹏
走兽类	豹 狼 虎 狈 鹿 马 牛 羊 熊

如	（ ）	附	膻
（ ）	（ ）	捕	（ ）
（ ）	（ ）	撼	树
（ ）	立	（ ）	群
（ ）	（ ）	扑	火
（ ）	（ ）	点	水

（ ）	（ ）	之	志
（ ）	毛	麟	角
（ ）	程	万	里
（ ）	占	（ ）	巢
一	箭	双	（ ）
老	（ ）	识	途

（ ）	（ ）	为	奸
放	（ ）	归	山
对	（ ）	弹	琴
指	（ ）	为	（ ）
（ ）	心	（ ）	胆
（ ）	肠	小	道

成语接龙

请完成下图的成语接龙。

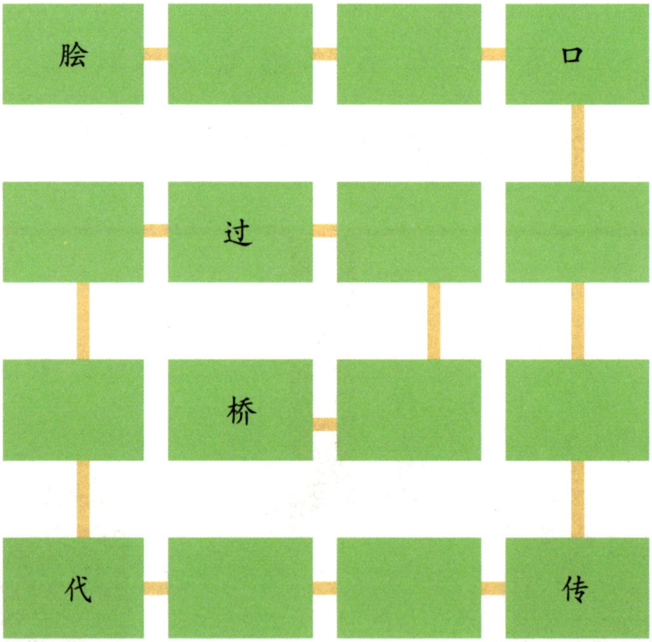

“趣味练练练”参考答案

第 1 课

成语练习场　P5

天涯海角　下笔千言　无理取闹　难能可贵　事出有因　（天下无难事）
只言片语　怕硬欺软　有备无患　心安理得　人山人海　（只怕有心人）
吃苦耐劳　得道多助　苦尽甘来　中流砥柱　苦口婆心　（吃得苦中苦）
方寸已乱　为民除害　人仰马翻　上行下效　人财两空　（方为人上人）

成语接龙　P6

理屈词穷　穷凶极恶　恶有恶报　报仇雪恨　恨之入骨　骨肉相连　连绵不断　断章取义
义无反顾　顾全大局　局促不安　安安分分　分秒必争　争先恐后　后继有人　人云亦云
云中仙鹤　鹤立鸡群　群龙无首　首屈一指

第 2 课

猜成语　P11

庐山真面目　海阔天空　寸草春晖　近水楼台　海角天涯

成语接龙　P12

奄奄一息　息息相关　关门大吉　吉祥如意　意味深长　长风破浪　浪子回头　头疼脑热
热火朝天　天下太平　平易近人　人财两空　空前绝后　后来居上　上下其手　手下留情

第 3 课

近义词游戏　P17

爱财如命——一毛不拔　安分守己——奉公守法　安之若素——处之泰然
卑躬屈膝——奴颜媚骨　本末倒置——舍本逐末　比比皆是——俯拾即是
别具一格——别开生面　彬彬有礼——文质彬彬　病入膏肓——不可救药

反义词游戏　P18

攻无不克——屡战屡败　发愤图强——自暴自弃　忍俊不禁——强颜欢笑
贪生怕死——赴汤蹈火　张口结舌——对答如流　名副其实——名不副实
蛟龙得水——虎落平阳　榜上无名——名列前茅　全心全意——三心二意
生龙活虎——死气沉沉

第 4 课

成语接龙　P23

张冠李戴　戴罪立功　功德无量　量力而行　行尸走肉

成语练习场　P24

百年树人　百家争鸣　更进一步　死而不僵　一将难求　溃于蚁穴　始于足下　必有近忧
只欠东风　孰能无过

第 5 课

给成语找搭配　P29

纷纷扬扬的雪花　风风雨雨的路程　浩浩荡荡的部队　轰轰烈烈的战斗　密密麻麻的人头

成语接龙　P30

倚老卖老　老当益壮　壮志凌云　云淡风轻

第 6 课

归纳成语　P35

表示“多”的：接二连三　千疮百孔　千头万绪　五花八门　三番五次
表示“少”的：三三两两　三言两语　一丝一毫　一点一滴

猜成语　P36

丢三落四　三五成群　三三两两　无独有偶　八九不离十　隔三岔五

第 7 课

成语连连看　P41

0+0=1——无中生有　1+2+3——接二连三　1×1=1——一成不变

3.5——不三不四　5 10——一五一十

选一选　P42

先发制人（2）　千方百计（2）　锐不可当（1）　能说会道（1）

第 8 课

成语接龙　P47

隔岸观火　火上浇油　油然而生　生离死别　别有洞天　天翻地覆　覆雨翻云　云消雾散

找成语　P48

兴高采烈　怒气冲冲　聚精会神　自言自语　千钧一发　雨后春笋　目不暇接

第 9 课

成语看医生　P53

一筹莫展　王侯将相　川流不息　义不容辞　吹毛求疵　摧枯拉朽　抑扬顿挫　出类拔萃

鞠躬尽瘁　不共戴天　张冠李戴　披星戴月　养精蓄锐　责无旁贷　百战不殆　殚精竭虑

肆无忌惮　虎视眈眈　投机倒把　中流砥柱　掉以轻心

成语接龙　P54

心口如一　一心一意　意气风发　发扬光大　大快人心

第 10 课

选一选　P59

并行不悖　毛骨悚然　大张旗鼓　营私舞弊　察言观色　金碧辉煌　分道扬镳　按部就班

作茧自缚　惨无人道　明辨是非　惨淡经营

选择同音字　P60

1　1　2

第 11 课

成语连连看　P65

晕——晖（晕头转向）　杭——航（木已成舟）　脆——胺（转危为安）
记——认（舍己为人）　迁——迈（千变万化）　亚——哑（有口难言）
道——邈（改头换面）　倩——睛（引人注目）

成语时间表　P66

晨光熹微　朝三暮四　朝气蓬勃　晨钟暮鼓　夜以继日　朝朝暮暮　半夜三更　晨兴夜寐

第 12 课

归纳成语　P71

清晨：旭日东升　东方将白　晨光熹微
傍晚：日薄西山　夕阳西下　薄暮冥冥

成语接龙　P72

清风明月　月朗星稀　稀世之宝　宝刀未老　老马识途
清心寡欲　欲罢不能　能工巧匠　匠心独运　运用自如

第 13 课

选词填空　P77

彬彬有礼　比比皆是　步步为营　亭亭玉立　蠢蠢欲动　草草了事　绰绰有余
楚楚可怜　历历在目　依依不舍　多多益善　咄咄逼人　喋喋不休　侃侃而谈
格格不入　高高在上　呱呱坠地　姗姗来迟　赫赫有名　津津有味　炯炯有神
济济一堂　井井有条　斤斤计较　岌岌可危　夸夸其谈　空空如也　泛泛而谈

猜成语　P78

直来直去　一声不响　坐立不安　坐井观天　事半功倍　合不拢嘴　一步登天　投笔从戎

第 14 课

成语接龙　P83

恩将仇报　报仇雪恨　恨之入骨　骨肉相残　残花败柳
恩断义绝　绝处逢生　生离死别　别有用心　心不在焉

猜成语　P84

贼喊捉贼　一清二白　一毛不拔　以貌取人　七上八下　无法无天　自身难保

第 15 课

选一选　P89

嗤之以鼻　七嘴八舌　有眼无珠　心灵手巧　张口结舌　胆大包天　迫在眉睫　千钧一发
脚踏实地

猜成语　P90

相差无几　风平浪静　夸夸其谈　双喜临门　自相矛盾　一帆风顺　长生不老

第 16 课

成语连连看　P95

一夫当关，万夫莫开　一叶障目，不见泰山　一言既出，驷马难追　一人得道，鸡犬升天
一波未平，一波又起　己所不欲，勿施于人　三天打鱼，两天晒网　八仙过海，各显神通
天网恢恢，疏而不漏　一日不见，如隔三秋　二人同心，其利断金　天下兴亡，匹夫有责
一着不慎，满盘皆输

猜成语　P96

自讨苦吃　千古奇冤　首战告捷　赞不绝口　无动于衷　万无一失　嘴硬心软　实事求是

第 17 课

猜成语　P101

人云亦云　路人皆知　黄雀在后　穷途末路　威风凛凛　后悔莫及　走为上计　有去无回

成语注音练习　P102

zhī zhǐ　chēng chèn　háng kēng　nìng níng　zhǒng zhòng　xiù chòu　dù duó
jīn jìn　wēi wěi　xiǎn xiān

第 18 课

成语猜数字　P107

一字千金　不堪一击　表里如一　举一反三　说三道四　三令五申　四海为家　四面楚歌
九牛一毛　五体投地　九死一生　颠三倒四　七上八下　十全十美　三长两短　十室九空

成语猜生肖　P108

闻鸡起舞　猪狗不如　虎视眈眈　守株待兔　叶公好龙　打草惊蛇
杀鸡儆猴　亡羊补牢　指鹿为马　投鼠忌器　对牛弹琴　狐朋狗友

第 19 课

成语接龙　P113

别有洞天　天荒地老　老气横秋　秋水伊人　人定胜天　天壤之别　别有用心　心猿意马
马到成功　功成名就　就事论事　事出有因　因材施教　教导有方　方正不阿　阿谀奉承

补成语　P114

一败涂地　二三其德　三从四德　四大皆空　五光十色　六朝金粉
七步之才　八拜之交　九九归一　十恶不赦　百感交集　千刀万剐

第 20 课

动物组成语　P119

如蚁附膻　螳螂捕蝉　蚍蜉撼树　鹤立鸡群　飞蛾扑火　蜻蜓点水　鸿鹄之志　凤毛麟角
鹏程万里　鸠占鹊巢　一箭双雕　老马识途　狼狈为奸　放虎归山　对牛弹琴　指鹿为马
熊心豹胆　羊肠小道

成语接龙　P120

脍炙人口　口口相传　传宗接代　代人受过　过河拆桥